VON FISCHEN UND PFEILEN

Verlag: EDITION DOPPELPUNKT, Wien 1999
Druck: Riegelnik GmbH, Wien
Alle Rechte vorbehalten
ISBN 3-85273-072-4

Illustrationen: Christian Felber

Christian Felber

VON FISCHEN UND PFEILEN

POESIE ZUM ANFASSEN
Lulurik
MUND-*art*

und

Eß-Tee-Tische
Reflex-Ionen

*Industrielle Sprachzerstörung und ökolyrischer Wiederaufbau
im Alpenland.*

(Keine weiteren Titel)

EDITION
DOPPELPUNKT

I Kindheit

II Krankheit

III Zwischengeschlechtliches

IV Heilung

V FairMISCHTees

VI Liebe & Leiber

I
Kindheit

Stummer Frühling

Bauern sä'n mit weißer Hand
Schleier aus der Pulverküche.
Neue, reizende Gerüche
ziehn sich eindrucksvoll ins Land.
Teilchen strahlen schon
aus verhüllten Sonnen
- Horch, von fern die leise Autobahn!
Heimat, ja du bist's -
bin dir nicht entronnen!

Humanbiochemie

Noch vor dem Wasserstoff
das häufigste aller Elemente
ist die Angst.

Die unendliche Tragödie der Mannwerdung

Im Alpenvorland
geht es vorderhand
um die restfreie Ausmerzung
der stillen Knaben
mit sensiblen Seelen
und blühenden Herzen

Der schlimmste chirurgische Eingriff
an der unschuldigen Knabenseele
ist die Metamorphose vom Kind zum Mann
millionenfacher Mord

Gefühle werden feinsäuberlich amputiert
durch Prothesen und Krücken
aus Mut und Wettkampfgeist ersetzt

Der bunte Kinderhaufen weicht
dem Stelldichein der Platzhirsche

Stolz und Ehrgefühl
was immer sie bedeuten mögen
mutieren zum wichtigsten Charakterschrittmacher

Aufbrausen ist gesund
am besten mit Schaum im Mundwinkel
und zur Lanze erhobenem Zeigefinger
durch die Luft stochernd
alle Feinde durchbohrend

Wenn der Wutanfall
zur einzig möglichen Erfahrung
von Lebendigkeit wird
blüht die männliche Destruktivität

Die männliche Sexualität
krönt die Künstlichkeit des maskulinen Konstrukts
jeder Mann ein Monster im Abendland

Der Zement im Männerbund
ist der Frauenhaß
Sie schwören der Homosexualität ab
während sie ihre rosa Würstchen in braunen Senf tauchen

Ode an das Industriezeitalter

mörtelspeiende Betontankwagen
erbrechen ihren grauen Brei über alles Grün

gefräßige Panzerkettenraupen
schaufeln Eingeweide aus der Natur

stahlrossene Straßenwalzen
panieren Aulandschaften mit zarten Asphaltkrusten

die Autobahnen gehören dichter geflochten
das Leitungsnetz enger gespannt

Atomstrom allerorts
die urbanen Schutthalden müssen zusammenwachsen
die Ruß- und Bleiwolken die Bevölkerung flächendeckend versorgen

man muß die Straße als Gebäude denken
nicht nur achtspurig auch achtstöckig

Stehkaffee von Wolkenkratzern
sie kühlen ihre Köpfe
in den nassen Wattebauschen

Sie klagen über Migräne
schuld daran sind die Kräne
schlanke Chirurgen der Großstadt:
abgemagert bis aufs Skelett
drangsalieren sie die Gebäude
mit stahlbolzenem Stilett

Zellkern, öffne dich

neue Flugschneisen
durch das Ozonhymen

mit der Concorde im Zeitrekord
Manager zwischen Tokio und
New Angeles herumschaufeln

Schiffe, Dampfer, Kähne
Züge, Panzer, Kräne
Mopeds und Motoren
meine armen Ohren

Schöpfung in die Knie
Vivat Industrie!

Zivile Rekrutierung I

Im Alpenvorland pflegt man übersensible Knabenköpfe
oder solche mit abstehenden Ohren
zwischen zwei Preßspanplatten einzuklemmen
dann links und rechts ein Drucklufthammer
 und *ratatatatatata*
Ein vorzügliches Hausmittel
gegen Bücherwürmer, Leseratten
und ähnlich mimoses Ungeziefer.

Vorbereitung auf den Krieg II

Frauen sind schlecht
die Liebe Sünde
der Teufel wach
und ringsum Feinde.
Das Mittelalter
hat sich erhalten
in den Salzburger Alpen.

Religiöse Rekrutierung

Ich liebe Gott den Herrn
wie meinen Teddybärn
Ich will ihn ständig ehrn
und weniger oft plärrn
Ich will nicht aufbegehrn
und kaum geschlecht verkehrn
Ich werd sie gern bekehrn
die Menschen nah und fern.

> (Mein Herz ist klein
> darf niemand hinein
> als du mein liebes Jesulein
> - und ja kein fremdes Türkenschwein!)

Sobjekt oder Konstruktion von Wirklichkeit

(1) Ich sehe, was ich will.
Doch will ich, was ich soll.
Drum seh ich, was ich soll.
Ich sehe nicht, was ist.
Weil Papa mich sonst frißt.

(2) Ich spüre ...

Familienhäuptlinge

Alle Väter
Attentäter
Hochverräter
am Familiengral
Sie verwechseln
ihre Söhne
mit Maisbirnen
und ihre Töchter
mit Hausdirnen

Chronologie der Selbstzerstörung

Am Anfang der Selbstzerstörung
steht die Hirnvergärung.
Dem Fingernagelbiß
folgt der Wimpernausriß
und dem Pickelgesicht
das Übergewicht.
Scheiden die Kinder
von eigener Hand
im Abendland?

Frage an den Weihnachtsmann

Wenn die Kinder schlimm sind -
was sind dann die Erwachsenen?

Unser Sonnyboy

Ein Flegel ein Rotzbub ein Lümmel ein Bengel
ein Aufschneider Angeber Reinleger Totschläger
verlogen, verschlagen, voll List, Lug und Trug
mit einem Wort: eine Teufelsbrut!

Dringliche Anfrage an den Nikolaus

Welche Schrift war zuerst -
die goldene oder die schwarze?

Steinmetz-Eltern

Disziplin als Medizin
für kranke Kinder
mit eigenem Willen.
Der Wille beugt solange beim Brunnen
bis er bricht.

Gehorsame Jugend
o grausame Tugend!

Änderungsschneiderei

Derf i morgen den Franzi vorbeibringen?

In jedem Mann ein Krieg

Kanonendonner *hängt* über den Dorfdächern
nein nein kein neuer Krieg
trotz des K-Bund
Sorry, alte Herren
Nur wieder ein religiösterreichisches Hochfest
fromme Leich irgendwes Himmifoat
meist Tod und Friede am Hof Gruft
Ermangels bewaffneter Gefechte
erschießen die fetteren Ahnen
die Festtagsstille
mit ihrem leider Gottes brachliegenden
Lieblingsspielzeug.

NACHSATZ K-Bund:

Die *Pflicht* verrichtet man
am besten
in der Ferne;
Die Heimat verteidigt man
am besten
in der Ukraine ...

Und ob es ihn gibt, den Verständnismangel, der Jungen für die Alten.

Nicht wörtlich zu nehmen?

Laßt uns ein Stück des Weges gemeinsam gehn
schlug der Pfarrer in der Predigt vor
Gehet hin in Frieden
Die fleißigen Meßbesucher
besteigen ihre Audis Mercedes BMW
und rasen mit 180 ka-em-ha (ha ha)
an den Autostoppern vorbei.

Schuld und Sirene

Kirchturmglocken und Brandsirenen
Katastrophenalarm
Das Herz ein Knoten
Stahl in der Brust
Knochenlähmung
Atmen nur durch die Haut
....
Der Dritte Weltkrieg schon?
Oder der endgültige Verrat an die Erwachsenen?
Folgt die Verhaftung durch das oberste Weltgericht?
....
Gottlob! Nur ein Bauer brennt.
Dafür nun anständig.
Bis auf die Grundmauern!
Zum feuerroten Requiem
finden sich alle gebrannten Kinder
und phantasieren ihre Elternbilder
in den gefräßigen Flammenreigen.

Vater

Wo ist deine zärtliche Hand
die mich nicht schlägt
die mich still tröstet
die nicht vor meinen Ängsten flüchtet
Wo ist deine Schulter
wenn meine Wange ein sicheres Kissen sucht
Wo deine Brust
wenn die Welt mich um meine letzte Zuflucht beraubt
Wo bist du
wenn dein Sohn vor dem Abgrund steht?
    Why did you let me down?

Wärmetod

Als Kind schmorte ich
im Hochsicherheitsgefängnis
der Mutterliebe
Eine sauriergroße Glucke
brütete mein Glück zu Tode
Das Küken schmolz in der Nesthitze
Gefesselt mit dem Nabelstrick blieb
kein Kubikzentimeter Luft zum Atmen
kein Federbreit Raum zum Leben
Mein Wille wie das Fallschirmchen
eines verblühten Löwenzahns
im Hurrikan
der mütterlichen Ängste um mein Wohlergehen.
                              So gesehen
war meine Wiege mein Grab
und erst mit der Flucht aus dem Elternhaus
begann meine Auferstehung.

Rollenspiel

Mama war immer
eine Super-Mutti
die beste aller Ehefrauen
eine vorzügliche Haushälterin
eine glänzende Gastgeberin
eine atemberaubende Geliebte
nur nie sie selbst.

Komparativer Materialismus

Vati hat eine Schlundfalte
Seine erste
Mama hat Gase
Was man nicht alles haben kann

Schaumbergers haben einen S-Klasse
Brandhubers mehrere Stücke Land
Genügend Grund zum Feiern
Was man alles nicht haben kann

Die Alten haben Steine Knoten Falten
Falsche Zähne verbeulte Zehen
Sie sind immerhin die Inhaber vom Himmel
Ich hab Angst.

Mannsbilder

Cowboy, Ritter, Winnetou
Pírat, Sóldat, Waterloo

Hünen, Helden allerorts
das Ziel des einzgen Männersports

ist eigne Unverwundbarkeit
und ewge Überlegenheit.

Asymmetrie I

Zweitausend Jahre lang
durften im Abendland
Frauen nicht laut lachen
und Männer nicht öffentlich weinen.

Unreife

Ich verstecke mich in meinem Hirn
weil mein Herz nicht größer als eine Erbse
und mein Wutz noch tausendmal kleiner.

Ich überschütte dich nicht mit Samen
sondern mit Herzblut.

Und nicht die Tränen aus meiner Brust
nur die trockenen Worte meines Geistes
ertränken dich.

Tiefzeit

Fast olympische Ringe
um die Finger wickeln
den Blick verschleiert
ein blindes JAWOHL
mein Capt'n?
Er Auto sie flicken
sieben Anni verflixen
Falten, Öde, Schleier ab:
Wieder nixen
neue Nixen!

Motorisierung

Machst du BRUMM
mach ich BRUMM-BRUMM
BRUMM^2
Du 100 ich 1000
Du Kurve ich kratze
Du Stamm ich Baum vorher Tisch
(Hauptsache gegen Holz klopfen)
Beide Bier
Beide hier
im Himmel
Frommel I aus der Ferne sehen

Nur zu unserem Besten

Südosttangente zur Verkehrs*entlastung*
Gift im Acker für den Pflanzen*schutz*
Jagdpanzer als Entwicklungs*hilfe*
Rüstungswettlauf zur Friedens*sicherung*
Ohrfeigen *für* die Gesundheit
(...)
Es ist allerhand
was ich nie verstand
am Abendland.

Der Mythos vom Zivilisationsprozeß

Hokuspokus, schöner Krokus
blüh dich nochmal richtig aus
morgen kommt das Reihenhaus;
Wiesen, Wiesen, seid's gewesen
morgen kommt der Baggerbesen;
Donauauen, Flußjungfrauen:
Fort, es geht ans Kraftwerkbauen!
Ahorn, Eichhorn, Einhorn, Schleedorn:
euer Platz ist auserkorn
hinterm Hügel lauern schon
Straßenwalz und Stahlbeton.

Ordentliche Beschäftigungspolitik oder Ode ans K(f)z

Die außergewöhnliche Beschäftigungspolitik des
teutschen Reiches bewirkte eine außergewöhnlich
große Menge von Stahlerzeugnissen - für unzivile Zwecke.
Der Krieg starb
mit ihm der Absatzmarkt für Eisenprodukte
aus dem Beschäftigungswunder.
Die Werften warfen nun berädte Stahlkistchen
in denen die Teutschen in Massen
durch die Adern des Mutterreiches strömen.
Der Opferwille hält an:
1960 fünfzehntausend Leichen
1970 zwanzigtausend Kadaver
Tote Teutsche in Stahlkistchen. Oder zwischen oder unter.
Die Fusion des großteutschen Zwillings führte
zu einem neuerlichen Stahlkistchenboom.
Sechshunderttausend tote Gesamtteutsche*
Fast neunzigtausend Kinder
plattgewalzt
von der außergewöhnlich ordentlichen
teutschen Nachkriegsbeschäftigungspolitik.

* 1950 - 1990.

Von Menschen, Bildern und Zinnsoldaten

"Adolf H. war ein Oberösterreicher katholischer Provenienz."
(Rudolph Burger)

Sein Menschenbild war ein Männerbild:
   Hart wie Kruppstahl
   Zäh wie Leder
   Flink wie die Windhunde
Betriebsanleitung für die Tötungsmaschine

   Ich erkenne dich
   am Liebreiz deiner Gestalt
   an der Anmut deiner Erscheinung
   an der warmen Weichheit deiner Nähe
   an der Unbefangenheit deiner Gesten;
   am Tanz deiner Schritte
   am Lied deiner Stimme
   an der Ruhe deiner Augen
   an der Tiefe deines Seins;
      an der Kraft deines Ausdrucks
      an der Feinheit deiner Seele
      am Reichtum deines Empfindens
      an der Vielfalt deines Erlebens;
         an der Lebendigkeit deines Wesens
         an der Offenheit deines Gemüts
         an der Genußkraft deiner Sinne
         an der Sinnlichkeit deiner Formen;
         an der Leidenschaft deiner Lust
         am Fehlen deiner Hast
         am Durst deines Begehrens
         an der Einfühlsamkeit deines Belehrens;
      an der Schöpferkraft deines wachen Geistes
      an der Klarheit deiner Gedanken
      an deiner blühenden Phantasie
      an deiner bezaubernden Magie
      ...

   Vor deinem innersten Menschsein
   wird Adolf H. winzigklein.

Abkürzung

Dreizehnjährig
durchspielte ich alle Disziplinen des Selbstmords
Siebzehnjährig
sehnte ich mich nach einer Machine-Gun
um alle zusammenzuschießen
rambomäßig
einfach in die Menge
Heute
kann ich meinen Schmerz sehen
und weinen
und mit dem Salz der Tränen
den zarten Keim
meines Selbst nähren.

II

Krankheit

Wer nicht dicht ist,
muß dichten.

Verbale Bulimie

Ich fresse nur Wörter und Zahlen
schoppe die Sätze reihenweise in mich hinein
beiße große Stücke von Texten ab

Hernach verdaue ich meist schlecht
es arbeitet und rumort in mir
und ehe ich das Aufgenommene recht verwertet habe
spucke ich die ersten Buchstaben schon zurück
auf Bögen und Blätter Papier
sortiere noch kurz das Erbrochene nach Form und Inhalt
und bekomme schon wieder Appetit auf neue schriftliche Mahlzeiten

Manchmal lasse ich mir kleine Gedichte wie süße Kirschen auf der Zunge
zergehen
andere Nachrichten schmecken dagegen recht bitter
aber allem eingesogenen Textmaterial ist gemein:
ich kann es nicht für mich behalten
ich muß es alsbaldigst, wenn auch deformiert und umgruppiert,
(die Sprachnahrung besteht ohnehin nur aus 26 essentiellen Elementen)
wieder loswerden

Dabei ist mir alles recht
die Ohren meiner Nächsten
die Augen meiner Übernächsten
Gott, die Engel oder der Äther

Hauptsache, man sieht, daß ich das, was mich angeblich nähren soll,
nicht annehmen kann.

Gebirgsrap

Leit heit sing i eich a Liad
ans wos einigeht ins Gmiat.
Sis a Song fia d'Res und Sepp
sis a echta Oipm-Rap.

D'Stia und Kia san scho im Stoi
do passiat's im oban Toi.
Da Hiawa-Toni, sunst recht schmoi
wead gonz gamsig auframoi.

Heit is Londjungd-Voixtonznocht
do wead brodn bis es krocht.
Zeascht nu gsuffm bis zum Speibm
donn zum Tonzbodn auf da Reibm.

Mit de strammen Sennawadl
stapfta nei in Diskostadl.
Hod an Tschik in seina Pappm
in da Hosn hoda d'Lattn.

Jössas, fuffzehn geile Hosn
wöche wead ma do an blosn?
Do, de Res min Riesnbusn
wü gonz narrisch mit eam schmusn.

tadarám--p-tup---

Antifa oder **linkes Eigentor**

Deutschtümelnden Lümmeln
mit Kümmel den Pimmel verstümmeln.

Feschen Faschisten
mit feisten Fäusten
die Fressen verdreschen.

Frechen rechten
Recken Zecken
in den Geheimratsecken
verstecken.

Burschen, die sich schlagen
mit Stechbärschen plagen.

Einfach draufloshaun
auf alles Braun.

Hoffnungslos

Als Anton ins Gras biß, stak Berta im Stau.
Anton biß ins Gras, während Berta im Stau stak.
Als Anton im Schlamm stak, biß Berta im Stau ins Brot.
Als Kurt im Kot stak, verbiß sich Berta im Stau im Brot.
Kurt stak im Kot, und Berta biß ins Brot.
Frank stank im Schlick, und Berta machte Hick.
Anton versank im Schlamm, als Bertas Verkehrsfluß gerann.
Da staken sie - im Schlick und im Stau!

Der kranke Gärtner

Hereinspaziert Leute, der Garten ist groß,
wen wundert's, es ist ja der Erdmutter Schoß.
Die Arbeit im Grünen ist lustig und heiter,
man wird durch sie närrisch und sehr viel gescheiter.

Der irdische Acker birgt Nahrung für jeden,
das Hühnergegacker Musik zeugt daneben.
Hat Obst hier, Gemüse, in Hülle und Fülle,
als Dünger verwend ich nur prachtvolle Gülle.

Auch Heilschlämme, Moorerde, Jauche und Torf
vertreiben im Nu Akne, Pickel und Schorf;
die Kunde, sie ankert seit Urzeit im Dorf,
da waren die Affen noch anthropomorph.

Ich hab nebst Salaten auch Bohnen im Beet,
doch hat sie der Schneider als Knöpfe vernäht.
Erspähte die Spur, die den Räuber verrät
erst gestern, da war es zum Unglück zu spät.

Muß harken und graben und hegen und pflegen,
dann hoffen und warten auf Segen durch Regen.
Die Gelsen und Mücken, sie stechen heut scharf,
weil Nep oder tun einen Blitz runterwarf.

Auch wässern und gießen den Garten mit Schlauch,
dann sprießt alles hurtig von Porree bis Lauch.
Ich hau mir jetzt Himbeern und Mus in den Bauch
mit Minze und Knoblauch für Mund-Nobel-Hauch.

Noch Rettich, Radieschen und Zwieblein ganz fein
und immer und überall Senf mittendrein.
Dann rupfen und jäten und ernten das Kraut
und krönen mit Dornen die Pfirsichbrust-Braut.

Gewitter: Feuertaufe des Naturdichters

Die schon faule Augustluft war feucht wie Fieberschweiß und wog Tonnen.
Tadellos blau, doch zutiefst unglaubwürdig prangte der Himmel.
Alles stand still, selbst das Blut stockte in den Adern, gerann in den Gefäßen.
Die Bäche machten eine Pause, und kein Zweiglein wagte zu zittern.
Allmählich belud sich die Atmosphäre mit Spannung, die Schwüle begann zu
knistern, Funken sprangen durch die weiße Mittagsglut.
Da kam's: pechschwarz von rechts, übergroße Wolkenungetüme wurden am
Himmel verschoben wie ausrangierte Eisenbahngarnituren. Drohend, finster,
kalt und polternd. Schon zuckten gelbe Schwerter am Horizont, es begann zu
blitzen-und-prasseln, alles auf einmal, wie nach zu langer Enthaltung. Welch
Sturm und Lärm aus nah und fern. Es toste, brauste, troff und pfiff. Wasser
goß hernieder, als hätte Petrus persönlich die Wolken gemolken. Kein
Zweifel bestand: Gott ließ die Erde von Sünde reinwaschen. Doch plötzlich
mischten sich sein Zorn und Körner in die geschmeidige Flut, lästige
Eiskügelchen sprangen behende in die Krägen und schwollen zum Entsetzen
der Unversicherten auf Nußgröße heran. Schon detonierten Tennisbälle auf
den zarten Autodächern, und himmlische Eisgeschoße durchschlugen wuch-
tig manche Fensterfront. Scherben aus Eis und Glas wirbelten im
Sturmesreigen, flochten Brezen in den Wind (...)

Heilloses Entsetzen griff um sich. Alles stob durcheinander.
Die Schafe quiekten: Herr, schone uns!
Doch der Hirte pfiff erst zurück seine Wolken
als der Menschen Schuld war abgegolten.

Logisch

Die Soldaten staken
mit Magenkrämpfen
in den Grabenkämpfen.

Meistens

Wenn der Hut brennt,
ist Feuer am Dach.

Nur noch ein Tropfen

Bevor das Faß überläuft,
schlage ich ihm den Boden aus.

Tatsächlich?

Die Menge ist das Maß aller Dinge.

An den Baum der Erkenntnis

Warum mußte das Wort Fleisch werden?
Konnte es nicht auch Gemüse sein?

Kinderlieder

Ihr Rinderlein kommet
so kommet doch all.
Denn heute ist Schlachttag
in unserem Stall.

Die Menschen, sie brauchen
das Fleisch und das Fett.
Drum opfert euch alle
seid bitte so nett.

Für Schnitzel und Stelzen
und Gulasch mit Saft;
und Beuschel mit Bürzel
das gibt ihnen Kraft.

Das ganze mit Dosenbier
Cola und Schweppes;
das brauchen sie dringend
für Kollaps und Krebs.

Sie sind halt so, nehmt es hin
sterbt möglichst stumm;
und glotzt nicht so leidend
verständnislos dumm!

Letzter Wille

Lieber Gott
mach mich krumm
daß ich nicht ins Schlachthaus kumm.

Die Rede des Kaisers

Ein greiser Kaiser
sprach immer leiser
- da schon heiser -
über Häuser
und Budweiser
über Burgen und Schlösser
über Gösser und Fässer
über Ruinen und Beduinen (auf Dünen)
und deren
Getränke.

Ordnung muß sein

Im (Föhren-) Forst
barst
Horst
im Herbst
so manchen Ast
mit Axt
und faxt
exakt
die Holzbruchmasse
in die Hainbuchgasse
wo das Waldamt.

Widersprüchliche Befehle

Heast, Hoast!
Jetz sei net so!
Hoit di a weng zruck   [zurückhalten]
Reiß di zsom   [zusammenreißen]
und foi net glei ausanond!   [auseinanderfallen, nicht]

Höhere Dialektik

"ozahn" (anziehen) = sich beeilen
"oziang" (anziehen) = frostig werden

Ach Gott, Insekten!

Eine Biene ist keine Maschine
und eine Fliege noch lang keine Intrige.
Eine Hornisse verursacht keine Bisse
sondern Stiche -
und wer denkt, es wiche
vom Dippel das Rot
noch vor dem Abendbrot,
der irrt
derweil die Luft schwirrt
voller Läuse
während die Mäuse
am Boden
    toben
   (droben).

         (Übrigens: Mäuse pflegen
           beim Zerquetschen
            zu quietschen.
      Ich hör auf zu quatschen.)

Hexenwetter

Knorrig störrische Steineichen
knarren im Novembersturm
Nasse, graue Nebelschwaden
jagen über Rinderfladen
Maulwurfshügel, feucht und schwarz
zieren wie gleich hundert Warz'
den Höllengrund
der, offen in der Abendstund,
dem Nächtehimmel Lichtverbund
ist gierig schluckend Einstrahlschlund.

Ein Unmensch, wer heute einen Köter vor die Tür hetze
- dachten die Innenminister -
und verschärften die Ausländergesetze.

Sturmbauten auf offenem Meer

Beflügelte Rösser schrauben sich durch den klebrigen Orkan.
Der jähzornige Ozean spuckt siedende Gischtschleier gegen das aufragende Mauerwerk.
Wellen walzen wie wütende Elefanten auf den grauen Höllenbau.
Die Festung trotzt dem Ansturm der Elemente.
Der Stein bricht das Wasser.
Der Sturm pfeift johlend gekränkt.
Es gibt kein Ankommen gegen das Bollwerk aus reinem Granit.
Souverän ragt die Bastion aus kochender See empor.
Der Spieltrieb der Götter hat ein Meisterwerk aus dem Naß gestampft.
Innen licht, leise uns stimmungsvoll, klingt das Unwetter wie aus fernem Radio.

Lyrischer Freejazz (ein letztes Krankes)

Saftige Gesteinsschnitten schmelzen unter gleißenden
Frühlingseisschichten.
Sonnenschweiß zündet unter die Erdkruste, Kahn Vulva, Eruktion.
Edelweiße Gletschernarben kalben dicke Kalkscheiben ins grüne
Glocknergras.
Staub.
Sternförmige Staatsahörner sprühen Speckspritzer in die milde
Mittagsmelodie des Montag.
Am Arlberg stirbt der Erlkaiser seinen achten Tod, gottlob!
Specht, Hecht, alles echt, kein Gramm Kunst, Natur pur im Ur aller Gäue.
Wilde Säue.
Schnepfen, Schnecken, Schnaken, Schlangen, Mama wird um Mäxchen
bangen.
Tausend große Hühnereier, nie ist mir der Stall geheuer. Club 45.
Mein Schreibstift ist ein Beelzebub, kaum schwing ich zart übers Ziel,
stolpert, purzelt, fliegt er weg, verknüpft Angelschnüre mit
Hochspannungsleitungen, mischt Karpfen mit Krapfen (Fische mit Pfeilen),
verheiratet Latein mit Mund-*art*.
Dichten ist die Kunst, alles Sprachliche zu einem eleganten Ganzen zu
verweben.
Sei jetzt nicht albern und iß Safran!
Satan hört sich hart an.
Er kam.

gewidmet
Bruder
Andreas

Freestyle II (Lulurik & Kampfkot)

Unartige Wettergötter gacken nackte Hagelkörner in die prüdesten polnischen Provinzen. Knoblauchhexen faxen Axtbeschreibungen ins bulgarische Kriegsministerium. Mit Gülle prall gefüllte Gallen sprühen spröde Spermien ins Spreu. Sture Strohköpfe verschränken holprige Gespräche zu total vertracktem Zahnradsalat. Leukämielähmung lindert keine Leiden. Franz gönnt Fritzi feiste Freuden.

Sterbensraten korrelieren nicht mit Schweinebraten, Apfeltaschen nicht mit Wermutflaschen. Zocken kann man nicht im Hocken, rappen rhythmisiert das Zappen. Kiffen läßt sich gut auf Schiffen, foppen kann man dich beim Shoppen.

Modergeruch mahnt an Moorfeenfluch, Moosduft strömt in die Waldluft, Bachgluckern beglückt Mückenschwärme, Wurzelschärfe aromatisiert Schlachtroßdärme.

Rübezahl band mich an den Marterpfahl, eh er meinen Penis stahl. Er fraß selbst meine Eier, das war ungeheuer. Zu schlechter Letzt hat er mich verpetzt, er hat mich verlacht, mich um den Verstand gebracht und bewacht, im Kellerschacht.

Riesen rasen beim Reisen, Mösen musen beim Mausen, Besen fehlen die Düsen. Jäger sind Büchsenträger, Fuchstotschläger, Fuchstotschießer, niemals Freiheitsverbüßer. Am Anfang war der Albatros. Ein Sohn des Himmels unter dem Wolkenamboß. Er schoß stets in den Schoß und verdroß noch jenes Roß, das mit dem Kloß im Halse hatte zu kämpfen. Für die Schlacht war es zu schwach gemacht. Am Anfang war die Armbrust. Wehe dem, der mit der Waffe schmust. Mir graust vor Sportschützen. Hau sie in Teerpfützen. Sieden müssen die Lacken, gaffen dürfen die Affen. Am Braten teilhaben heißt Honigwaben mit Gabeln ausschaben, den letzten Krustenrest mit Stecknadeln herauskratzen, Fässer füllen, drüberlullen.

III

Geschmolzener Rotz patzt doppelt so besser.
Getrocknete Tränenkrusten knirschen wie Treibsand im Augenöl.
Sandbank, hautkrank.
Der After ist der Uterus aller Furze.
Blähgewaltig plustert sich der Darm,
eh er trompetös seine geballte Ladung freigibt.
Mein Arsch stänkert schon wieder.
Laß ihn oder schmier ihm eine.
Zieh Leine.
(......)
Butterkugeln rollen scheppernd den Faßrand hinab und verspritzen beim
Aufklatschen feine Weihwassertropfen wie Osterlammschweiß.
Keiner weiß, was mich macht heiß. Milchreis!
Das giebelige Schopfdach hängt über dem Bodenfenster
wie eine winterliche Schihaube. Schiffsschraube. Brieftaube.
Haube ab.
Hau ab.
Hau-ruck.
Hausruck. Ausguck. Bauernschmuck. Deckenstuck. Butterbock.
Börsenzock.
Igitt. Ingrid. I.N.R.I. In Ried. Im Krieg. Irr i oda tram i? Tram-we. Herrje,
san de Bam sche.
Jutta. Butter. Bitterfutter. Schotterotter. Mattersburg. Juttenburg. Judenjörg.
Karin, Katrin, Katrein; Karen, Karenz, Bludenz, Karawanz, Christians
Schwanz.
Computern, komm, juttern, futtern, sabbern am Sabbat,
schlürfen kehleinwärts - Schluckschmerz, kein Scherz.

III

Zwischengeschlechtliches

Im Patriarchat reimt sich misogyn auf immergrün.

Die Wurzel allen Frauenhasses

Da stand ich dann
mit einem Strauß Unkraut im Arm
und wünschte ihr
Alles Ungute
zum Muttertag.

Abhängigkeiten aus Männersicht

Ich hab dich in der Hand
und du hältst mich in Schach
Keiner bricht das Band
beide sind zu schwach
Wir gehn nicht auseinand
wir haben lieber Krach.

Ich gieße Öl in das Feuer, das dir unterm Arsch brennt.
Du schüttest Wasser auf die Mühlen, die mein Herz aus Stein mahlen.
Wir beißen auf Granit und ins Gras, das außer uns keiner wachsen hört.

Dein Herz aus Stahl, deine Zunge ein Messer, deine Krallen Sicheln in meinem
Fleisch; dein Geist ein Lauffeuer, deine Worte eine Feuersbrunst, dein Stolz ein
Klotz, deine Wut ein Vulkan, dein Sex ein Orkan.

Ich muß nur auf den Hund kommen, den du begraben hast. Den Ast absägen, auf
dem du segelst. Ins eigene Fleisch schneiden mir. Meine Venus, meine Falle,
meine Spinne, mein Netz, mein Galgen, meine Gaskammer, meine Sauna ... o du
mein Mutterschwein!

Er gebar ihr einen Hohn
oder
Eierneid

Er gebar ihr einen Stern
        aus dem *Hirn*
     weil er beileibe
    - so ein Schaß -
keinen Gebärbeutel besaß
(ob ihn der Liebe Gott vergaß?)

Die Schmach gor bitter -
nicht mal Zwitter!

Doch: Weibstum wache,
ich übe Rache!
Mit maskuliner Denkerschneid
ersann er flott den Penisneid,
weil in seinen Eiern -
keine Eier waren.

Vogerlfreiheit

Im Patriarchat durften es sich die Männer aussuchen,
wofür sie geliebt werden wollten.
Für die Frauen hingegen galt ohne Unterschied:
Ich gefalle, daher bin ich.
In besonders katholischen Epochen noch:
Ich gebäre, wem ich gehöre.

Naturbeherrschung II

Männer halten:

Hunde an der Kette
Vögel in Käfigen
Frauen in Ehen
Huren im Harem.

Mittäterschaft

Du sonnst dich in der Aura meiner Macht
Du behängst dich mit dem Geschmeide, mit dem ich dich kaufe
Du wälzt dich im Nerz meiner Wahl
Kein Beifahrersitz ist dir zu gering
Du benötigst meine Tob-Eifersucht als Liebesbeweis
Du lachst öffentlich über meine geschmacklosen Witze
(...)
Danke
du Weihbischöfin des Patriarchats.

Sachzwang

Solange Männer mit Geld Frauen kriegen
wird sich am herrschenden Wirtschaftssystem
nichts ändern.

Asymmetrie II

Frauen lieben schwierige Männer,
und Männer mögen leichte Mädchen.

Schwaches Es

Woher mein Frust?
Dir ist deine Lust
nicht bewußt!

"Der Sinn des Lebens ist, so zu werden, wie wir sind."
Carl Gustav Jung

Verwandtschaft

Was ist Fernsehen und Unbewußtem gemein?
Richtig: Sex und Crime.

Unsere vier Wände

Dein Einwand, eine Trennwand sei zuviel Aufwand, war nur ein Vorwand.

Sex in Personalform

Er schleimt
Sie schmilzt
Er steigt
Sie fällt
Er drückt
Sie pfffft
Er stöhnt
Sie gähnt
Er schleckt
Sie schwillt
Er schwitzt
Sie spitzt
Er spritzt
Sie witzt.

Betriebsanleitung für Berta

Berta, du Tonne
du mächtige Wanne
Sei meine Sonne
gönne mir Wonne
Sei keine Nonne
mach mich zum Manne
Sei meine Magd
die immer *ja* sagt
Sei mein Gestirn
knips aus mein Hirn
Sei auch mein Strick
brich mir's Genick.

Optische Korruption

Die Strumpfspitze stochert in den erigierten Sehnerv
des schwitzenden Bergsteigers
Seine Sinne schwinden im Lippenrot des Almrausch
Er blättert in den Schultern bis zum glühenden Knochenmark
Der schneelose Hüftschwung katapultiert ihn
direkt in die pulverweiche Federboa
Atemstillstand vor der unnahbar aufgezwungenen Fleischkerbe
Der Absatz des Stöckelschuhs pfählt sein offenes Sonnengeflecht
drosselt ab jäh die tragische Lebensjagd ---
Saurer Schweiß krönt den vergeudeten Kadaver.

Scheidung versäumt

Ich will deine Hand halten
sie in Schellen legen
dich fesseln, knebeln, sperren
über spitze Steine zerren
dir den Mund küssen
das Maul stopfen
ein Bein stellen
die Ehe vergällen
die Nase schneuzen
deine Pläne durchkreuzen
dich bremsen, behindern, sabotieren
mit Balsam und Ölen einschmieren
abfackeln, niederbrennen, die Glieder abtrennen
fein häckseln, klein schnetzeln in Fetzlein und Staub
und braten und rösten in Brennessellaub.

Wie Romeo
nicht ganz so heroisch
ziehe ich die Pumpgun aus der Scheide
und schlucke selbst ein Kugerl.

IN PACEM oder **Fortsetzung des Rosenkrieges**

Wenn ich deine Asche erhasche
du Flasche
dann dreh ich dir den Hals um
und brenne dir posthum
die Leber aus dem Leib
mit Wodka pur und Feuerzeug.
Ich tränke dich in Gallensaft
und halte dich in Hungerhaft.
Dreh deinen Darm zur Trockenwurst
und deine Asche - stirbt vor Durst!

IV

Heilung

Anfang durch Ende

Endlich: Meine Neurosen beginnen zu welken.

Der "Kurz mal weg mit der Krawatten"-Walzer

oder

Spätpubertät[1]

(Colgar la corbata)

Wir rotzen und spucken und gacken und lulln
und scheißen aufs Geld heut in Wien und in Tulln.
Fein säuberlich koten und die Kacke verschmiern
heut wolln wir vor Mama und Papa brilliern.

Die Folgen, sie sind uns heut ausnahmsweis blunzen
und nahen sie dennoch, wolln wir uns verschanzen!
Die Schule, die Uni - vereint laßt uns schwänzen,
wir sind heut des Königs abtrünnige Prinzen.

Wir stottern und stammeln und sprechen kein Wort
der Satzbau hat Urlaub heut, schickt ihn bloß fort!
Wir murmeln und nuscheln, wolln niemand gefalln
und lispeln und lalln - wia de Leit in Sankt Galln.

Wir gackern und kichern und jauln quietschvergnügt
und jodeln und juchzen, bis Trübsal besiegt.
Was raus muß, muaß außi, bis d'Quelle versiegt,
jeden Tag fünf Minuten man selbst, das genügt.

Wir quaken und quieken und schrein wie am Spieß
und kotzen und reihern und fühln uns saumies.
Wir jammern und sempern und greinen und rährn
und schluchzen und ächzen und weinen und plärrn.

Erst raunzen und tränzen und literweis brunzen,
in Warzensaft wälzen und wildschweinhaft grunzen,
dann röcheln und wiehern und stinken wie Wanzen
und flirten und braten und schlüpfrigstens tanzen.

Auch wenn du ganz schiach bist und fürchterlich fett,
heut hupf ich mit jeder und jedem ins Bett.
Ich kitzle dich, kratze dich, beiß dich ins Bein
du siehst mich nicht, spürst mich nicht - bist ja allein!

Wir zwicken und stechen uns tief in das Fleisch
und heuln auf vor Schmerz im Herz, quietsch-quak-stöhn-kreisch!
Erst quetschen, dann quietschen und quieken vor Pein,
dann kühlen die Wunden in Wannen voll Wein.

Wir stehlen und plündern die Schinken im ganzen
und zapfen die Fässer und leeren die Ranzen.
Dann stapeln die Beute - schön Lage um Lage
und auf gehts mit Gier in das festlich Gelage.

Wir völlern und schlingen und schlucken den Schleim
und saufen und gurgeln, als wärn wir daheim.
Dann rülpsen und pforzen mit Lärm und Getös
mit Absicht und Wonne, det macht Mama bös.

Noch räuspern und spucken den Schlatz in den Topf
und heute, weil's Spaß macht, dem Paps auf den Kopf.
Das Leben, es rät uns bloß: Bleibt, wie ihr seid,
genießet mich heut und in Ewigkeit.

Doch Schlemmen und Prassen hat auch seinen Preis:
Man ist schon mit hundert ein tattriger Greis.
Es sticht uns und juckt uns und brennt schon ganz arg -
doch saufen und bumsen wir bis in den Sarg.

[1] Ich stamme aus einem Dorf,
in dem auf den 31. Dezember 1967
der 1. Jänner 1969 folgte.

Vertonungsvorschlag

Praktisch

Wenn Kopfweh in Sprache rinnt
oder Poesie aus Bauchschmerzen keimt
dann wird ein Stück Leid
zu Fruchtbarkeit

Bilder der Stille

Winterliche Luftteiche gefrieren im eigenen Nebelbad.
Vollkommene Regungslosigkeit lähmt den Augenblick zur Ewigkeit.
Wenn alles stillsteht, kann auch die Zeit nicht weiterlaufen.
Schilfkolben wachen wie Antennen über das starre Standbild.
Der Nebel muß jeden Augenblick in feinen Splittern zu Boden rieseln,
von eisiger Kälte zerschnitten.

Ahornblätter auf dem eingefriedeten Wasser
sie schauen sich in den Spiegel
an dem sie kleben
zählen ihre Adern
und Löcher
und grüßen die Fische
die unter ihnen
vorbeischlittern.

Unter allen Stillen die schönste
ist die frühsommerliche Nachmittagsstille
auf üppigen Wiesen in kräftigem
Maiengrün
mit Frühlingswärme vollgesogen
und angequollenen Wolkenbauschen
im tiefblauen Segelhimmel.
Eine satte, reife Vollstille
grillenintensiviert;
Mit nadelspitzen Sinnen
verharrt die Natur und vibriert
ganz auf das Jetzt konzentriert
zu jedem Spiel bereit
dem Dasein ergeben.

Energieflüsse

Es brodelt, es gärt
und es inkubiert
bevor es endlich
mit Wucht explodiert.

Es sammelt und staut sich
und füllt sich ganz prall
und löst sich, entlädt sich
mit heftigem Knall.

Farbspiel

Das krebsrote Antlitz war in bizarrem Zorn verzerrt
wutschäumend quollen die Lippen ganz violett an
grüne Galle ergoß sich giftig zischend ins kochende Blut
vergor sich mit dem roten Saft
zu einer schlimmen Zornesbrühe
und verließ in wilden Eruptionen
als reingelber Schwefel
den stampfenden Organismus.

Erwachen

Es geschah
an einem düsteren Nachmittag.
Lange Zeit schon
war sein Gemüt gedämpft
sein Geist umnebelt
sein Auge trüb
sein Blick erloschen.
Da plötzlich
inmitten des Grau
durchzuckte es ihn
helle Energieströme
durchfluteten seinen Körper
I c h   w i l l   l e b e n ! ! !
schrie er aus tiefster Seele
und blies die Trübsal
in den Wind.

Ab und zu

Hin und wieder
muß es sein:
Schreien wie am Spieß
brüllen wie ein Stier
Pest und Schwefel speien
wüten, toben, röcheln
balgen, daß die Fetzen fliegen
bumsen, daß die Federn krachen
gackern, daß die Hühner lachen.

Karneval

Meine Masken reichen tiefer
als ich mir bewußt bin.
Jene Masken
die ich kenne
sind meist
nur Maschen.

Maskenball

Wir lernen von Kind auf, jene Masken zu tragen, die speziell unsere Eltern gerne sehen. Meist gewöhnen wir uns daran, für unsere Masken geliebt und gelobt zu werden. Das Dumme an dieser Gewöhnung liegt in unserem Irrglauben, daß uns im späteren Leben alle für eben diese Masken lieben werden. Doch nur allzu oft ereignet sich der gegenteilige Fall: Wir werden für andere uninteressant, weil wir uns nicht zeigen, wie wir wirklich sind.

Es sei denn, wir suchen und finden solche Personen, die just auf unsere eingefleischten Masken ansprechen. In ihren Augen werden wir uns allerdings nie erkennen können.

"Je mehr du von dir zeigst, desto mehr gibt es an dir zu lieben."
Findhorn

Demaskerade

Ich bin kein fröhlicher Mensch
und auch nicht glücklich
selbst wenn ich
23 Jahre lang
geflissentlich bemüht war
einen Sonnyboy
darzustellen.

Tabu

Ich traute mich nie
unglücklich zu sein
Es wär ja auch schwerer Frevel
spie ein so sonniges Gmiat
plötzlich Pest und Schwefel.

Berg und Tal

Traurig
Aggressiv
Lüstern

Begeisterungsfähig
Einfühlsam
Rustikal
Gemeinsinnig

Wo Berg schien, war in Wahrheit Tal.
Wo Tal ist, wird Berg sein.

Schweiß

Immer, wenn ich mich kalt und steif und knöchern fühle
gehe ich traben
ein kaum merkliches Laufen
selbst bei minus vierzehn Grad
blättert dann Rost von den Gelenken
zergeht der Talg in den Poren
Mein sich erwärmender Atem
taut das Lungeneis auf
Die kalte Herzuhr wird zum mächtigen Schaufelrad
spült gewaltige Ströme heißen Blutes
durch den Körper in die Glieder
löst die Eiszapfen von meinen Händen
Ich trabe mich in Trance
der Hirnklumpen verrinnt zu Pudding
läßt ab, gegen die Schädeldecke zu drücken
Das Muskelfleisch schwillt warm und weich
vereint die Bewegungen zum großen Spiel
Ich werde warm und ahne verzückt:
Gleich öffnet mein Körper seine Schleusen
und das Kühlsystem springt an
Schweiß quillt verschwenderisch aus allen Poren
reinigt die Haut, scheidet die Gifte hinaus
hält mich in 38 Grad heißem Hochgenuß
Der Ofen bin ich.

Bilanz eines Diskobesuchs

AKTIVA

Du gehst rein

      mit   1 Zentner Frust
                    20 Petajoule Aggression
                    300 atü innerem Schrei
                    1,5 Mille

                    (EXPLOSION
                    DRUCKAUSGLEICH
                    KLÄRUNG)

PASSIVA

und kommst raus

      mit   Schalltrauma
                    Rauchgasvergiftung
                    1 Fettring weniger
                    naß wie ein Fisch
                    glücklich?
                    1,5 Promille

Schlendrian

Dahocken
Festkleben
Nichts tun
Radio, i drah di o
Zwei Stunden später
immer noch Ö3
Faulheit Träge Lähmung
Förmlich in die Horizontale sacken
Eingehen unter der Schwerkraft
Lungern dösen unproduktiv
Nach dem Gähnen bleibt
der Mund offen
Zähne klaffen
ins Zimmer
Es schnarcht

Tanzwind

Ich wirble dich im Wind bergauf
und fang dich auf in vollem Lauf
Dein Rock weht mir ins Nasenloch
mein Zeh streicht deine Stirne hoch
Dein Nabel küßt den Luster zart
ich kehr den Boden mit dem Bart
mein Hosenträger, ankerlos
verheddert sich in deinem Schoß
er dient nun dir als Kletterseil
er war mein ganzes Oberteil
Acht Glieder knoten, lösen sich
der Wind legt sich, ich mich auf dich.

V

Fair
MISCH
Tees

Zehn kranke Zaubersprüch (übergehend in einen Versuch über die Heimat)

Moder, Schimmel, Pilz und Faul;
Ich glaub, mich sticht der Ackergaul:
Der Hafer steht im Gerstenfeld
als wär er der Getreideheld.

Kránewitten; Dérwisch; Fínstergrün;
Smaragde solln heut nacht erblühn!
Es sprießen Herzen aus dem Sumpf
und Sinne sind nicht länger stumpf.

Hágebutten; Éibisch; féttes Kraut;
Ein Thor, wer heut dem Wetter traut!
Im Norden steht die Wolkenwand
gleich Sturm, Orkan bricht übers Land!

Wurzel, Bürzel, Würmerlaub
Schwefelpech und Phosphorstaub.
Pfui, wie heut mein Tränklein stinkt!
Wehe dem, der davon trinkt!

Es lallte Hexe Kniesebein:
Hat es noch vom Zauberwein?
Halt ein!, rief Meister Habakuk
er wollte selbst den letzten Schluck.

Wo bleibt denn nur das Schottlandtief?
Hinaus müßt längst der Festspielmief!
Schneewittchen frißt im Orient
Äpfel, die hier keiner kennt.

Salzburg ist ne Biederstadt
die viele stumme Bürger hat;
Es ist recht feucht und auch sehr grau
es ist ein Toter-Seelen-Bau.

Die Herzen welken, schrumpeln fort
an diesem naßgrau-kalten Ort
Es ist nicht warm, noch ist es hell
hier kommt der Winter viel zu schnell.

Wer Glut und Leben in sich trägt
wer Sehnsucht, Traum und Wünsche pflegt
wer freudig seinen Charme versprüht
wes Seelenwinde wehn aus Süd ...

... wer Birken, Moose, Moore mag
wer liebet Nacht und liebet Tag
der flüchte fort und kehr zurück
und gründe hier sein kleines Glück.

Was wäre wenn oder Auf den Spuren Heideggers

Wos wa denn
waun de Zeit
auf amoi stecknbleibm tarat
wonsas neama gfrein tat
- mi zahts neama -
und steht gonz staad.

Tatma weidarenna
wia de gschrecktn Hendl
dena man Ton odraht hot?
Oda
jo, woascheinlich,
de Systemvasalln
wuadatn gonz steif auframoi
wäus glaubatn
se miaßn
des a nu mitmochn.

I woaß net
vielleicht tat i des
goa net merkn
- do in Gumpading;
Do is eigentlich
wommas genau nimmt
seit a poa tausnd Joa
eh koa Tog neama vagongan.

Erschöpfungsgeschichte

Am ersten Tag schuf Gott die Dampfmaschine:
Endlich konnte Kohle in großen Mengen aus Mutter Erde gekratzt werden.
Am zweiten Tag bastelte Gott Panzer und Raketen:
Keinesfalls wollte er des Menschen Sicherheitsbedürfnisse brüskieren.
Am dritten Tag flocht Gott Autobahnen in die Natur:
Damit war der Mensch endlich frei.
Am vierten Tag buk Gott Gummibärchen:
Nie wieder sollte auf Erden Hunger herrschen.
Am fünften Tag baute Gott die Concorde:
Er war so einsam im Himmel.
Am sechsten Tag eröffnete Gott tausend Atomkraftwerke:
gegen den Treibhauseffekt.
Am siebten Tag wurde Gott arbeitslos: Da klonte der Mensch sich selbst.

Dialog zweier (österreichischer) Teenager

"... Benetton ... U2 ... Levis ... megacool ..."
"... BMW ... Basic Instinct ... max.mobil ... Filofax ..."
"... Guns 'n Roses ... Rave ... Baseballcap ... Ferrari ..."
"... Schöps ... Rollerblade ... Snowboard ... Discman ..."
"... zappen ... rappen ... surfen ... Attachment ... Audi ..."

Vorvorgestern

"... Morgenröte ... Waldbach ... Himmelschlüssel ... Haselnuß ..."
"... Amboßwolke ... Berggipfel ... Löwenzahn ... Rotkehlchen ..."
"... Steineiche ... Regenbogen ... Enzian ... Pfau ... Schilfgürtel ..."
"... Schmetterling ... Igel ... Libelle ... summen ... piepen ..."
"... Vollmond ... Abendluft ... EvAdam ... Nachtigall ..."

Die zwei Manager

"... Gewinnspannenmaximierung ... Grenznutzenoptimierung ... Flexibilisierung ..."
"... Wettbewerbsverschärfung ... Standortverbesserung ... Lohnkostensenkung ..."
"... Cash-Flow ... Shareholder value ... Investmentfonds ... Marketing ..."
"... Eigenkapitalrendite ... Ressourcenallokation ... BIP ... DAX ... Buba ..."
"... Input-Output ... Kosten-Nutzen ... Angebot-Nachfrage ... Aktiva-Passiva ..."

Schöne neue Welt

Alle rasen, alle rauchen
Achtzig-Stunden-Woche
Streß-Hektik-rastlos
Arbeitslose, aus der Linse!

Wachstum als Medizin
der Marktöffnungsgrad ist noch zu gering
auch die Sozialabbaurate
nieder mit dem Wohlfahrtsstaate

Bahn frei für Großinvestitionen
neue Finanzkapital-Landebahnen
Es lebe die Konzernfusion
Europäische Elefant-Union

Flüsse, staut euch
Fluren, bereinigt euch
Land, urbanisiere dich
Welt, industrialisiere dich

Auspüffe müssen husten
Müll muß brennen
PVC Asbest Dioxin
Kinder ist die Welt schön

Erst acht Prozent mit Asthma
viel zu wenig
mindestens zehn Prozent
Grenzasthmarendite

Mehr Parkplätze
weniger Spielplätze
Gebt den Kindern Elektronik
Es lebe das Puppensterben

Computer-Autisten allerorts
Handydldum-Konzert in der U-Bahn
Telekom, --novela, --pizza
E-Post-Outer, E-Post-Flitzer

Internette Leute heute
wieder kein Hautkontakt
Pensionisten-Dackel-Inzest
im sozialeffizienten Altensilo

Erst wenn das letzte Gen
aus der Retorte schlüpft
kann das Industriezeitalter
als gelungen betrachtet werden.

Rettet den Gaia-Mops

Der Erdball darf nicht ins Netz
der Börsenhaie, Baulöwen, Finanzspinnen.
Unser schöner grüner blauer Planet
darf nicht: müllübersät
vergast, vergiftet, kahlgemäht
als pestilentes Partikel durchs All geweht -
Der Weltraum ist Heimat für Sterne und Kugeln
und keine Senke für stinkende Nudeln!
So tut was, rührt euch, schreit doch auf,
sonst holt Gott Gaia zu sich rauf.
(Die Erde im Himmel, welch schlimmer Rückfall
vom Jahr 2000 direkt zum Urknall!)

Titelschlagzeile der All-Nachrichten

"Murmel-Mops
geht hops"

Planeten-Fürsorge

Man muß ihn hegen, pflegen, lieben - und ihm gewähren Möpschenfrieden.

Homo oeconomi-Kuß oder **der Trieb des Häufens**

Wir müssen den Umsatz steigern
    die Produktion ankurbeln
    der Konjunktur einheizen
Die Wirtschaft muß wieder wachsen
kräftig wachsen, immer weiter wachsen
Wir müssen die Gewinne verdoppeln
    den Profit verdreifachen
    die Märkte überschwemmen
    Bedürfnisse entklemmen
Der Absatz muß in die Höhe schnellen
jeder alles und noch mehr bestellen
die Guthaben zur Potenz anschwellen
die Geldmenge in den Himmel quellen ...
Die Bilanzen müssen bezeugen
daß unser Selbstverlust gedeckt ist.

Hymnus eines Halbstarken auf die ganz Starken

Ich danke:
Für den technologischen Fortschritt und die ständige Verbesserung der Lebensqualität. Für meinen Fernseher, meinen Computer, mein Musikcenter und mein Cabrio. Für die Autobahnen, Chemiefabriken und Supermärkte.
Ich danke:
Für Rüstung, Raumfahrt, Kernenergie und Gentechnologie. Für Kolonialismus, Imperialismus, Industrialisierung und „Kapitalismus". Für Bürokratie, Filzokratie, Zentralismus. Für Erziehung, Schule und sonstige Schafotte.
Ich danke:
Für die tägliche Manipulation, der ich erliege, und für den Sinnesverlust, den ich erleide. Für meine Neurosen, Verstümmelungen und mein sensationelles Übergewicht. Für eure Gesetze, Grenzen und Hierarchien.
Ich danke:
Für unseren Geiz, unsere Gier und unsere Blindheit — nebst zügelloser Selbstherrlichkeit. Für eure Gewaltlosigkeit und Friedliebigkeit. Für die gelungene Spaltung der Welt in einen Norden der Götter und den Süden ihrer Sklaven.
Ich danke:
Für Monokultur, Massentierhaltung und Chemie — selbst in der Lebensmittel- und Agroindustrie. Für die Verpestung der Luft, Vergiftung des Bodens, Verseuchung des Wassers. Für Müllzucht, Rasur der Regenwälder, Provokation des Weltklimas, Ausbeutung aller Rohstoffe, Ausrottung aller Naturvölker.
Ich danke:
Für die Homogenisierung, Nivellierung, Gleichschaltung aller Lebensbereiche und Kulturen, Vergewaltigung des ganzen Planeten. Amen, ich liebe Euch!
Christian Felber
Mitterhof 166
5163 Mattsee

Leserbrief in den *Salzburger Nachrichten* am 29. Jänner 1991

Männliche Wissenschaftssprache

Steppig, mehlig, zimtig, pudrig;
holprig, sperrig, bröslig, modrig;
immer trocken, niemals cremig;
alles bremst und staubt
und nirgends ist auch nur ein Tropfen Wasser in Sicht.

Wider den Systemjournalismus

Man soll sich keinen Ast vor den Mund nehmen
sonst sieht man vor lauter Laub den Blätterwald
der gepreßten Regenbögen nicht.

Tod durch Abstraktion

Verlegen sei, blöd dasteh, gacker, zeter, lüg ...
Wir geben unsere eigenen Regieanweisungen
führen uns selbst vor der Kamera
sind unser eigenes Publikum.

Wenn alle über das eigene Lebendigsein berichten
bleibt keiner, der noch lebt.

Kleine Geschichtskorrektur

L'éclat, c'est moi.

Richtigstellungen

West is worst.
Coca Cola isn't it.
Money rules the monkeys.
Der Mensch ist das höchste aller Unwesen.

Probieren geht über resignieren.

Wer suchet, der fluchet [Brille].

Wer hastet, der rostet.
Wer fastet, der rastet.
Wer trinkt, versinkt.
Wer stirbt, verdirbt.

Aktualisierung

Und bist du nicht willig, dann kauf ich dich halt.

Alliterierung

Was sich liebt, das leckt sich.

Kinder, wie die Zeit verweht

Früher ging man mit 14 ins Internat
Heute geht man mit 12 ins Internet

Von Reisen und Speisen

Joseffa soff sieben Mokka in Mekka.
Anke trank Benko in Bangkok.
Sibelius fraß Erbsenmus im Kaukasus.
Hermine fand in Singapur Silben nur.
Erna verschlang Arno in Brno.
Frau Holz grillte Butterschmalz in der Niederpfalz.
Hannes ging in Hessen mit Susi Sushi essen.
Kurt trank Joghurt in Frankfurt.
Heinz tauchte sein Ketchup in Make-up.
Horst schnitt Wurst im Forst.
Elfi aß Stelzhühnerbrüste an der Elfenbeinküste.
Lord Kottingbrunn aß Kümmelhuhn in Kamerun.
Rübezahl hielt Schlemmermahl in Senegal.
Aladin saß im Baldachin und streute Rosmarin auf sein Brathuhn hin.
Loren konnte sich vom Anblick der Kordilleren ernähren.
Nur die Gemahlin von Stalin war Kannibalin.

Perlenschutt II

Herr Wenzel fraß schwarze Bürzel in Bozen.
Weder Hesse noch Menasse war ein Monegasse.
Göring vernaschte Gauleiter.
Auch Frank trank sich krank.
Ribiselbeeren helfen Grizzlybären bei Magenbeschwerden.
Jesus aß mit dem Krösus von Damaskus.
Gott buk Spott.
Liese mag Käse,
Dirk mag Quark,
Peter liebt Silie;
Lorelei speiste gerne Ei in der Türkei.
Detlef traf Vaclav im Havelka.
Erika lag am Erik in Amerika.
Anna fand ihr Manna in Havanna.
Severin nahm Kokain in Medellin.
Auch Mr. Bean blieb nicht clean in Berlin.
Richard war reiseversichert.

Bi-pa-poh

Bi-pa-poh, wer sitzt am Klo-Klo-Klo?
Ist es der Jo-Jo-Jo oder ein Floh-Floh-Floh?
Muß-maß-Maus, wer sitzt am Haus-Haus-Haus?
Ist es der Klaus-Klaus-Klaus oder die Haus-Maus-Maus?
Klo-Klo-Klo, wer sitzt im Zoo-Zoo-Zoo?
Im- Zoo- sitzt- da- Löwe und der Bär
und- no a poa- óndare- mehr.
Jo-Jo-Jo, wer sitzt im Zoo-Zoo-Zoo, wer im Büro-Bü-ro?
Da- sitzt- der- Steuerprüfer Heinz
und- die- Ver-rechnungskauffrau Kunz.
Roh-Bü-ro, Mann, bist du roh, Bü-ro.
Kunz, Heinz, Franz, wer macht noch mit beim Tanz?
Lust-Lust-Lust, wer hat noch Lust-Lust-Lust?
Frust-Frust-Frust: immer nur mußt-du-mußt.
Haß-Haß-Haß, ich bin der Haß-Haß-Haß;
Voll wie ein Faß-Faß-Faß, mach alle naß-naß-naß;
Ich bin der Schaß nach Maß, der euren Spaß auffraß;
Liebe-Liebe-Liebe, wenn sie nur bliebe-bliebe-bliebe;
Doch unsre Triebe-Triebe-Triebe sind ihre Diebe-Diebe-Diebe;
Pech-Pech-Pech, des hot da Tschech-Tschech-Tschech,
weil ohne Paß-Paß-Paß, gibt's kan Einlaß-Ein-laß.
Polen-Türken-Serben: Bleibt im Verderben-darben-derben!
Wir hier verhängen-hängen-hängen Eisen aus Schengen-Schengen-Schengen!

Spontan

Mal spontan
mal voll Plan
Patentrezepte hintan.

Daseinsanleitung für nicht-konfessionelle Fatalisten:
Der Mensch denkt,
das Unbewußte lenkt.

... für konfessionelle Fatalisten:
Der Mensch plant den Weg,
doch Gott lenkt die Schritte.

... für Autonome:
Selber Schmied.

Der Sinn des Lebens

Das Leben hat keinen Sinn.
Dem Leben sitzt kein Sinn inne.
Du mußt dem Leben einen Sinn geben.
Der Sinn deines Lebens bist du.
Das Leben ist wie ein Baum:
Du mußt ihn erst pflanzen und pflegen
bevor du den Apfel erntest.
Das Leben kann dir erst geben
wenn du es genommen.
Das Leben will dir nicht gefallen.
Das Leben sagt: So bin ich.
So kannst du's nehmen.

    (1991)

Baukasten für Verssetzer

Für Konfliktgedichte eignet sich hervorragend der
KONTRO-Vers.
Wer über Anzugkragen Reime macht, bediene sich am besten des
RE-Vers.
Bei erotischem Einfallsreichtum empfiehlt sich wärmstens der
PER-Vers.
Für Hymnen auf die Artenvielfalt im Regenwald greife man tunlichst zum
DI-Vers.
Bei Zugehörigkeitszweifeln zu einer Religionsgemeinschaft hilft der
KON-Vers.

Verschnitt

Christian schmauste sein leibchen aus hirs, reise, gerst, malz-schmalz, hopfen-topfen, hafer-braver und memmelte, bröselte, rieselte ... schluckt und spuckt; sperrangelweit auf rachen einfuhr zwischen die kiefer, gaumenzäpfchen-streichelnd, klingelingeling, wobbeln, spingeln, turkeln boom. Demnächst ein bemmerl. Herzhaft lungen- und magenfüllend, bluterwärmend kreislaufan-kurbelnd vollsatt.

Der Bart muß ab oder **Die Kastration Gottes**

Mach dir kein Bildnis
von Gottes Antlitz
Ich kenne nur bärtige Götter
protzig und ohne Feigenblätter

Kein Bild kein Bart
das klingt recht hart
doch sollte Er wissen
daß Bärte schlecht küssen

Drum walle, walle
Fronthaar falle
Der Bart muß weg
mit Floh und Zeck

Ich will keinen Gott
mit Haarwolken am Kinn
da sind zuviel Motten und Mythen drin
(und Spritzer mit göttlich gelbem Urin)

Es geht nicht an, der Bart muß ab
am besten gleich das Klo hinab
So laßt uns schreiten mit Bravour
zu Gottes Radikalrasur!

Gruß an Goethe und Frau Holle

Ich sah aus dem Fenster
so für mich hin
und nicht zu denken
das war mein Sinn

Da gondelt ein schneeweißes Fussel herein
ganz golden durchleuchtet vom Sonnenschein
Es torkelt vorüber und stolpert zurück
und parkt in der Schwebe in meinem Blick

Dort wackelt's, das Fläumchen, das zarte, das helle
es schaut mich, doch rührt es sich nicht von der Stelle
Da frag ich die Feder, ob Watte, ob Wolle?
Es zuckte nur, hauchte fein: Dort, zu Frau Holle!

Da blies ich es sanft in den Reisewind
und 's Fussel tuckert davon geschwind
So schnell es gekommen, verschwand's aus dem Blick
es wollte ganz einfach zur Mutter zurück.

Neofaust

Habe nun, ach o weh, fünf Jahre lang
Mathematik, Statistik und Wirtschaft studiert
habe dabei Herz und Seele riskiert
habe selbst meinen Geist brüskiert
bin zwar in Ziffern und Zahlen belesen
doch fremd blieb mir der Materie Wesen
Das hat zu dem knappen Ergebnis geführt:
ich bin als Spezialist arriviert
bin also nach strengster Regel Gebot
ein ausgebildeter Fachidiot.

Goethe variiert stockbesoffen über seine eigenen Themen

Über allen Gipfeln dröhnt Lärm
Krach dringt
aus jedem Strauch
Die Vögel kreischen im Walde
Warte nur, balde
tobest du auch!

Übungen zur Lautmalerei

Otternkreuz und Ringelnatz
Nasenspeuz am Hosenlatz;
Rosen, Tulpen, Rittersporn
zieren meinen Kaiserschmorrn;
Flinte rein ins Pfefferkorn
Jäger rauf aufs Matterhorn;
Lärchen, Eichen, Buchenwald
Schaben, Schwaben, Schwalben bald;
Raben rauben, raffen arg
Maden, aus dem Affensarg!
Wimpel, Gimpel, Tümpel seicht
sieh, wer da durchs Wasser schleicht!
Regen, Graupel, Hagel hart
schüttelt Gott aus seinem Bart;
Sieben Bürgen, keine Zeugen -
Komm, laß dir die Liebe zeigen!
Nasenlöcher, Eisenbecher
Rotz im Wein vergrault die Zecher;
Spatzenhirn mit Taubenschlag
Wien ist Wien und Prag bleibt Prag;
Steppenwolf und Wüstenbär
Fux und Henn im Kreuzverhör;
du, wenn ich im Keller wär
söff ich gleich die Fässer leer;
tränke Wein und äße Fisch
wie am besten Mittagstisch;
Rambo, Bambi, Bussibär:
Heute kein Geschlechtsverkehr!
Du liebe Güt, bei meiner Ehr -
der Papa fotzt den Peter her!!!

Hypothese zum 300jährigen Krieg

Mann, war das ein Butterfurz
er löste aus den Fenstersturz!
Es frug den Vater Peter laut:
Wann suchst du mir denn eine Braut?
Voll Ärger fuhr der Vater hoch:
Ich lese noch, Dreikäsehoch!
Doch gegen Herrn Papas Gezeter
war immun schon längst der Peter:
Ich hab ein Recht auf Eigenweib
und nicht drauf, daß ich Single bleib!
Gib Ruh jetzt, Nervensäge, Knülch
Sei still - und trink Vanillemilch!
Da hielt's der Peter nicht mehr aus
und ließ die Luft beim Darm hinaus.
Gott, gab das ne Stänkerei!
Sie ist bis heute nicht vorbei.

Du auch?

(Grüße an Ernst Jandl)

Haben du Nasenleim?
Teifgefrorenes Nasenmalz?
Ich das vertehen. Ich auch neuzen bei Nupfen.
Bei der Weinekälte und dem Neeturm!
Du warten, nicht verweifeln:
Ich holen raus den Tatütatuch,
du darein können blasen den Nasen.
Weißer Toff dann zwar grün, aber immerhin
kann du wieder atmen frei durch
Nas nimmer seien vertopft.

Zur Sache
oder
Wosn?

Auf der Heide blühen Rosen
links ein Sturzbach tut recht tosen
in dem Ofen glühen glosen
Scheite Holz in schrägen Posen
Ich mich labe nur aus Dosen
wie erprobte Seematrosen
schlecke Sirup, ganz famosen
hole Schleim aus meiner Nosen
helfe dir aus Hemd & Hosen
deinen Bosen zu leebkosen.

Grauzone

Mich friert. Die Menschen hasten besinnungslos durch die Grauzone. Mit Scheuklappen und Sonnenbrillen, um einander nicht erkennen zu müssen. Soviel Mut bringt keiner auf. Blindheit schafft aber Dunkelheit, und Finsternis Kälte.

Ihr Tag gliedert sich in Posten, die sie abklappern gleich einer Schnitzeljagd. Keine Minute ist frei. Der Raum zwischen den Posten ist Hindernis. Er kostet Zeit. Er ist das verlorene Leben.

Urbane Solidarität

Wien
ist intim
aber kein Team.

Zurück zur Natur

Besser urbar als urban.

Notruf

Hoits de Pappm, Autos!

Eissichten

Das Flußmäanderspiel im Winter von oben betrachtet gleicht aufs Haar der Naht zwischen zwei Schädelknochen.

Wenn die Kontinentalschollen gegeneinanderdriften und -reiben, kommt es genauso zu Rissen, Absenkungen oder Auffaltungen, wie man es an der Eisdecke eines Voralpensees beobachten kann. Der dicke Glaspanzer arbeitet schwer und stöhnt unter dem Drücken und Stemmen, dem Spannen und Singen. Das Eis büht wie ein Mooskalb und sprüngelt stromgeladen, daß es einem Eislaien gar unheimlich werden möcht. Die Auffaltung am zugefrorenen See heißt Wacht und unterscheidet sich von der Schneewächte durch ihre etwas kompaktere und weniger staubige Konsistenz.

Ode an das Gänseblümchen

Kleinod, Zwergstern, Äuglein im Wiesengrund, gelbweißes Doppelköpf-
chen, ruhiges, stilles, bescheidenes Flohpflänzchen ... Kleinstglück und
Augenfreude, Strahlekind, Leuchtknopf mit tausendäugigem Pollenhügel
(wie Nabelnippel), halbe Erbse im weißen Federkranz, zweischichtigen,
dicht gefächert, kreisrund, Windrädchen, Rollblümchen, die Erbse als
Deichsel, die Blütenblättchen Speichen, ein weißer Speichenwirbel, hui ...

Deine Halskrause: ein Kerzentellerchen, Becherchen, faßt mit sicherer
Umarmung die Erbse, sendet nach allen Seiten deine weißen Fühlerchen,
deren Unterseiten mit einem rosa Schatten behaucht, sichtbar nur für die
Bodeninsekten, Insider, Underfrogs - Drittfarbe, die geheime Scham in
Charme verkehrt. Flaumbekleideter Blütenhalm, eingepelztes Träger-
säulchen, Blumenstämmchen, hineinlaufend, herausragend aus dem grünen
Blättermund, kleiner Spund, Wiesenglück, Frühlingskuß, Miniod,
Seelenbrot.

Waldinnenansicht

Glitzernder Morgentau tropft wie Perlen von dünnen Zweigen und Nadelspitzen auf moosüberzogene Wurzelhälse; Rindenstrunk blättert modrig vom seifenglatten Stamm, rieselt zu Boden, mischt sich unter das Nadelreisig, die lockere Streu hüllt wie eine leichte Decke den Waldboden; frischgeschlüpfter Kuckucksklee späht hellgrün aus dem dunklen Moosteppich, hält der Welt froh seine großen Kinderohren entgegen; signalrote Fliegenpilze ragen wie mit Salz bestreute Marmeladebrote nach allen Seiten sich lehnend in den Waldraum, locken, ziehen Blicke an; massige Buchenstämme, grau und muskulös wie Elefantenbeine, bilden das Skelett des Waldes, geben ihm Halt, Struktur; in Mulden schlummern laubgefüllte Tümpel, wimmelnd von Kleingetier, es molcht, quappt, hüpft und schnappt, reges Treiben, eine Libelle kreist wie ein Kondor über dem Geschehen, packt sich willkürlich ein Beutestückchen aus dem Überangebot, ein naher Türkenbund beleuchtet mit flammendem Orange die Szene; ein neugieriger Sonnenstrahl, ein ganzer Fächer von goldenen Lichtstreifen bahnt sich seinen Weg durch das erwachende Buchengrün und schwemmt das welke Wasserlaub in leuchtendes Gelb. Des Waldes dunkle, goldgrünbraune Honigseele wacht mit dämmriger Geduld über das Leben in seinem Schoß.

Schneekristall

Der schönste Schneefall ist jener bei völliger Windstille, nachdem sich frühmorgens ein dünner Zirrenschleier, rötlich eingefärbt, allmählich zu einer dicken, weißgrauen Wolkenmasse verdichtet hat, unmerklich und doch stetig, bis es beinah düster geworden trotz der hellen, aber immer schwereren Farbe des Himmels. Die ganze Natur scheint dann nur mehr nach oben zu blicken, regungslos und gespannt, wann sich wohl das weiße Pulver aus dem schwangeren Grau lösen möchte. Schwebt dann die erste Flocke herab, glaubt alles, es sei ein Fallschirm im Zeitlupentempo, so klar hebt sich das weiße Ding gegen den dunklen Wolkengrund und den blauen, noch unbeschneiten Hinterwald ab. Ihr folgt bald eine weitere, dann vier und zehn zur gleichen Zeit, immer mehr, anfangs nicht überstürzt, doch bald sinken ganze Heerscharen hernieder, der Horizont verschwimmt, ein Vorhang aus weichen Kristallen wird herabgezogen, ergiebig von der ersten Stunde schüttet der Himmel Schnee zur Erde, deckt alles zu mit leichtem, kühlem Weiß. Binnen Minuten tauscht die Landschaft das Kleid, auf Bäumen, Büschen, Dächern, Wegen, Wiesen, überall nistet sich die Flockenfracht hin, bis bald gar nichts mehr herausschaut und die Welt irgendwann dickbemützt aus abklingendem Schneefall erwacht.

Einbruch

Abends,
wenn die Nacht dem Tag von seiner Helligkeit stiehlt
beim sogenannten Einbruch der Dunkelheit
im Zwielicht der Dämmerung
wenn es nicht klar noch finster ist
erwachen alle Schatten und Geister
tanzen mystische Geschöpfe frech ins Leben.
Wer zu dieser Stunde tief im Walde
oder wenigstens am Waldesrand verweilt
wird im Nu Mitglied einer anderen Welt.
Das Reich der Worte erlischt
die Dinge und der Lärm des Alltags
weichen zurück in die ferne Sphäre des Bewußtseins
lassen Vortritt den Traumwesen
den Stimmungen und Bildnissen des Unbewußten
Der Kontakt zur Außenwelt erfolgt über die Körpermitte
wie innere Augen und Haut
Der Geist fließt hinab und hinaus
vereint sich mit der gesamten Umwelt
verschmilzt Bäume, Mücken und Schatten
formt uns zum Tropfen des großen Ozeans.

Sonnengesang

Schwester Sonne, Bruder Mond
seid zu zartem Lied vertont!
Seid besungen, seid benannt
seid auf Pergament gebannt!

Schwester Blume, Bruder Baum
Schmuck in meinem Lebensraum
würzt mir meine Atemluft
hüllt mich ein in Blütenduft.

Himmelsbogen, Sternenzelt:
Spannt euch fest um meine Welt!
Schützt mich sicher, gebt mir Dach
haltet meine Sinne wach.

Onkel Igel, Neffe Pfau
lobt mit mir das Himmelsblau!
Morgenröte schamlos lacht
Feuer mir im Herz entfacht.

Grün des Blattes, Gold des Taus
beide seid mir Augenschmaus
Weiß des Blitzes, Schwarz der Nacht
o vollkommne Farbenpracht!

Hang zur Freude, Lust auf Lied
Rausch der Sinne, mir geschieht -
Glitzerreigen, bunter Glanz
hellste Töne, Sonnentanz!

VI

Liebe & Leiber

Die Liebe ist beides:
läßlich und unerläßlich.

Nußsplitter

Auf dem Boden
liegen
die Restsplitter
lüstern zerbissener
Nußschalen.
An den spitzen Reißzähnen
wird
der Restnußgeschmack
von der warmen Zunge
weggeleckt.

Honigsplitter

Auf deinem seitlichen Nacken,
wo die Halsflanke hängebrückenhaft in die Schulter überläuft
hocken dicke Honigtropfen
wie goldgelbe Tautupfen
Mein Atem läßt
die Tropfen zerfließen
sie schlittern ins Rinnen
Meine Zunge streicht
den Honig
an und in dein Ohr
und trinkt
die Worte von vorhin
aus deinem Mund zurück.

Splitternackt

In dicken Strömen und Bächen
fließt taufrisches Quellwasser
warm
an deinem glatten Körper herab.
Tieferregt
bietest du dem Schwall
deinen Busen,
öffnest ihm deine Scham.
Spitz sprießen deine Warzen in das fallende Naß
spielend umspült das glitzernde Perlwasser
deine vollen fruchtigen Pfirsichbrüste
benetzt dir Hals, Schulter und Lenden
gleitet silbern über deine Haut
Deine Pfirsiche glühen vor Lust.
Der Fremdkörper
ist wieder dein.

Ode an die Mutter

Summend durch duftende Blumenwiesen bummeln
Wollüstig schwülfeuchte Mittagsglut einsaugen
Ahnungsvoll herbstliches Nebellaub durchrascheln
Fröstelnd klirrkalte Reifluft atmen
Den Hauch in der dunklen Winternacht erstarren lassen
Schnee schaun
Dicke Flocken fallen federnd in das weiße Daunenbett
Die Haarflamme im Wind flackern und verwehn sehn
Frühlingsföhnsturm tos braus blas
Heftig zucken Blitz und Zweig
Reifes Obst voll Frucht und Würze
zart zerrinn am Zungenflaum
saftges Schlucken süßer Bissen
durch den glitschig-geilen Schlund
rinnend gleitend wonnig labend
land im Magen-Wohlbehagen.

Die vier Mahleszeiten oder Skulptur

Zu mehrerent vor einer Landhütte auf Lehmboden mit Schlamm beschmiert bei feuchter Wärme tanzend und raufend, röchelnd und schnaufend, selbstvergessen dem Kampfspiel ergeben; stabile, zähe Mädchen mit festen Brüsten und schönen Muskeln, nicht zu hart, sondern zart fettgepolstert, ohne daß deswegen die Konturen - der Tonus - verschwömmen. Das Ringen mündet in Balgen und Schwitzen, in Dehnen und Stöhnen, allgemeines Erregen begleitet das Ächzen und Drücken und Stemmen und Ziehn; Bäuche werden aneinandergerieben, Hände bringen Oberarmmuskeln zum Anschwellen, Sehnen und Adern kommen zum Vorschein, wehende Haare kleben sich an die naßgeschwitze Haut; Lippen öffnen sich, dürsten dick nach Nektar, Brustwarzen verknollen sich lusterregt zu harten Knöpfen, Gänsehaut am ganzen Körper, schnelles Atmen, feuriges Kribbeln, glänzende Nacken, glühende Blicke; gemeinsames Wogen in himmlischer Erregung; Penisse pulsieren dick angeschwollen, bereit zuckend, streifen Brüste, Pos und Hälse, Schamlippen schmatzen naß und verschwollen, gierig verlangend, lechzend empfangend, lüstern verschlingend; zu zweien, zu dreien, zu vieren, zu fünft, Mädchen und Burschen von beidem Geschlecht halten einander, helfen ineinander, wogen zusammen, fließen durch sich; schwappen ins Urmeer, verschmelzen im Fleischmeer, baden im Schweißmeer, vergessen das Nachher; vereinen bald Lüste und Säfte, bald Stöhnen und Gähnen, verschwimmen im Himmel, dem Eden auf Erden, erkalten, verklirren, erstarren zu Stein (...)
Wie eine Flamme lodert das Treiben, erotisches Gebärden hungriger Menschen, ständig gesellen sich Suchende hinzu, Gesättigte fallen matt ab, das Feuer nährt sich selbst mit jungen Körpern, Berauschte plumpsen in matschige Wannen, genießen im Naßschlamm erotische Wonnen.

Dein Blick Fang

Du verwirrst mich
    und verstörst mich
Du berührst mich
    und betörst dich
Du begehrst mich
    und verzehrst dich
Du verlierst dich
    und verführst mich
Du bringst uns zum

    Schmachten
    und Schmelzen
    und Glühn
    ich brenne
    verdorre
    und fließe in dich ein ...

Leises, verebbendes Zittern
Milder, cremiger Nachgeschmack
Behagliche Wärme
Dicke, süße Schläfrigkeit
Zärtliche Geborgenheit

Von Fisch zu Fisch

Um deinen Sex zu riechen
brauch ich keinen Personalausweis
auch keine Beichte
selbst dein Blick ist viel zu chiffriert
Ich schau dir auf die Hände, Kleines
weiter und tiefer
auf die Handwurzeln und Gelenksknöchel
wo die Unterarmsehnen entspringen
deren Spiel alles spiegelt
was in dir an Tier Teufel und Hure
verborgen sprungbereit auf Abruf lauert.
Nachdem ich dir schon lange nicht mehr zuhöre
selbst die Modulation deiner Stimme nur mehr vage vernehme
wende ich mich an deine Ellenbogen
das verläßlichste Ampelzeichen
um mich bei grün wie ein Hecht ein Tiger ein Stier
auf und in dein Körperfieber zu stürzen
dem Schmelzpunkt nahe
nur das Sieden suchend
um endlich wieder
verschmolzen, flüssig, vereint im Urmeer
von Fisch zu Fisch
dir zuzwinkere.

Hymne auf das Ideal

Göttergleiche Top-Simone
blühend-sprühend Anemone
leuchtend roter Daseinsstern
bist in mir auch wenn du fern
strahlst in meine Brust herein
treibst dort einen Liebeskeim
blühst in meinem Herzen auf
läßt dem Wachsen freien Lauf
scheinst mir supernovagleich
bist mein voller Nährstoffteich
labst mich lecker und profund
nistest tief in meinem Grund
thronst in meinem Denkerturm
Blitz im Geist, Gedankensturm
knallgelbrot und tropenheiß
schnitzelbraun und blütenweiß
duftest wie ein Blumenmeer
fängst mich ein mit deinem Flair
lachst im Anzug, lachst auch nackt
liegst mit mir im Fleischespakt
bist mein Fisch und auch mein Pfeil
bist ganz einfach supergeil!

Christian Felber

bohrte sich im Dezember 1972 in die Welt, zu Winterbeginn, nahe Salzburg und in dem Jahr, in dem Mister Meadows der Konsumgesellschaft ihre Zukunftsfähigkeit absprach. Vielleicht schrieb der Autor deshalb sein erstes Buch - auf Spanisch - über eine ökologische Vision (*Hacia un futuro ecológico. El paciente España,* Editorial Fundamentos, Madrid 1999). Auf Österreich umgemünzt feilte er gemeinsam mit dem Humanökologen Peter Weish an der *Vision vom grünen Juwel,* erschienen 1998 in dem von Günther Witzany herausgegebenen Band *Zukunft Österreich. EU-Abschluß und die Folgen,* Unipress Verlag Salzburg. Seit seiner Rückkehr aus Madrid arbeitet er als freier Schriftsteller, Übersetzer und vor allem Journalist, unter anderem für *Südwind, Furche, Volksstimme, Salzburger Nachrichten* und *Falter.*